学生健康自我成长课程

主 编 季 苹
副主编 涂元玲 赵雪汝 杨 玲

我会交朋友

学习手册

胡晓峰 李滨 主编

学校：＿＿＿＿＿＿＿＿＿＿＿＿＿＿

班级：＿＿＿＿＿＿＿＿＿＿＿＿＿＿

姓名：＿＿＿＿＿＿＿＿＿＿＿＿＿＿

教育科学出版社
·北 京·

出 版 人　李　东
责任编辑　何　薇
插画设计　张亦伦
版式设计　宗沉书装　吕　娟
责任校对　贾静芳
责任印制　叶小峰

图书在版编目（CIP）数据

我会交朋友学习手册 ／ 胡晓峰，李滨主编 .—北京：
教育科学出版社，2021.2（2023.8 重印）
学生健康自我成长课程 ／ 季苹主编
ISBN 978−7−5191−2540−0

Ⅰ．①我… 　Ⅱ．①胡… ②李… 　Ⅲ．①心理交往—青
少年读物 　Ⅳ．① C912.11−49

中国版本图书馆 CIP 数据核字 (2021) 第 009892 号

学生健康自我成长课程
我会交朋友学习手册
WO HUI JIAO PENGYOU XUEXI SHOUCE

出 版 发 行	教育科学出版社			
社　　　址	北京・朝阳区安慧北里安园甲 9 号		**邮　　编**	100101
总编室电话	010−64981290		**编辑部电话**	010−64981277
出版部电话	010−64989487		**市场部电话**	010−64989572
传　　　真	010−64891796		**网　　址**	http://www.esph.com.cn
经　　　销	各地新华书店			
印　　　刷	中煤（北京）印务有限公司			
制　　　作	宗沉书装			
开　　　本	880 毫米×1230 毫米　1/16		**版　　次**	2021 年 2 月第 1 版
印　　　张	4.75		**印　　次**	2023 年 8 月第 3 次印刷
字　　　数	56 千		**定　　价**	33.00 元

让我们共同成长

亲爱的同学：

　　你好！

　　我们又见面啦！经过前几册书的学习，我们对于情绪的觉察更加敏锐了，也更能理解他人的情绪了，我们的情绪色彩变得更加鲜艳、温暖，我们还发现了能让我们幸福的小法宝。在不断的探索中，你一定体会到了成长的快乐！接下来，让我们一起来学习如何与同伴相处、如何交朋友、如何对待朋友，感受交朋友的美好，体会有朋友的生活更加幸福。

　　每个人都是独一无二的，我们交朋友的时候也会遇到完全不一样的人，他们会让我们的生活更加丰富多彩。让我们一起来感受不同的朋友带来的快乐吧！

　　你一定记得与自己最好的朋友在一起的快乐时光吧，但我相信，你和朋友之间偶尔也会有一些误会，这在我们交朋友的过程中都是难免的。当这种情况出现的时候，我们该如何处理呢？

　　你一定发现了，我们每个人都有自己的优点与缺点，也有不同的需要。我们不仅要认识自己和朋友的优点与缺点，也要明了自己的需要，同时关注朋友的需要。

聪明的你一定也有这样的感觉，我们每个人都有自己的秘密和界限，有些东西可以分享，有些则要小心地保护好。

　　让我们在学习中共同成长吧！通过这个学期的学习，你会有更多更好的朋友，你也会成为一个更加幸福的人。

　　我相信，你在分享时一定会勇敢地说出自己真实的经历和当时的情绪感受，这样我们不仅能帮你找到解决问题的方法，也能帮助你一起解决问题。当然，我们也要坚持练功，"冰冻三尺，非一日之寒"，好好练功才能真正熟练地掌握我们的"神功"。"友谊小回转"和"我想……"这两招不仅能让我们更好地处理生活中出现的问题，也会让我们的生活更加幸福和快乐！

　　让我们共度健康自我成长课程学习的美好时光吧！

爱你的老师

CONTENTS | 目 录

第一单元
我爱交朋友

第一课时　我的朋友们

1.觉察自己最喜欢什么样的朋友，在这个过程中进一步认识自我。

2.体验生活中各种各样的朋友带给自己不同的快乐，理解朋友交往的更多类型，并体会朋友多快乐多。

我会交朋友

请你和同学们一起读一读本书最前面老师写给你们的信，一起来感受朋友带给我们的快乐吧！

活动一　我最喜欢的朋友

1. 情景故事

朋友多，快乐多

学校组织开展外出实践活动，带学生到植物园参观游览。老师要求同学们以小组为单位进行参观和记录。小天、小曼、小美、小早、小新和小雨被编为一组，大家都特别高兴。

　　小天非常喜欢植物，一会儿摸摸花，一会儿拍拍照，一会儿又去看看别的同学在做什么。他跑到也喜欢拍照的小雨那儿，看到小雨正趴在地上举着相机找角度。小天也趴下去，惊讶地喊："这个角度能拍出花朵背面的小刺！小雨，你看看我这个。"小雨听了得意地说："那是。"然后迅速趴到小天旁边，喊道："你这个也不赖，你从侧面拍照，能看到整朵花的特写。"说完，两人变换着姿势，兴高采烈地谈论起不同姿势下拍出的作品。

　　小曼边参观边认真做记录。看到不认识的花，她就用笔抄下标牌上的介绍，再用手机查找相关资料，学得津津有味。小美也和小曼一样边参观边学习。她们两人在一簇花前碰到了一起，就共同观察起来，还互相交换了手里的资料。因为都喜欢蔷薇科的植物，她们热烈地讨论起来。谈到最喜欢的花，两人激动得手舞足蹈；遇到不懂的地方，她们就一起查找资料。小美信任小曼，小曼欣赏小美懂得多。能一起参观、讨论，她们都觉得很开心。

　　小早和小新并肩走着，一边参观一边小声说着话，还互相把好吃的分给对方。两人边走边聊，一会儿哈哈大笑，一会儿又窃窃私语，好像有说不完的话。

　　一旁的小雨正费力地记录着，还不时抬头看看资料，一脸的着急。小新和小早看到了，就主动过去询问。小雨说："这么多植物，这么多信息，怎么才能都记录下来呀？一个人根本完不成，真着急！"小新和小早异口同声地说："别急，咱们可以共同完成。"说完，小早用手扶着说名牌，小新照着念起来。听着小新清晰的声音，小雨不那么着急了，快速而认真地做起了记录，很快就写完了。看着共同努力的成果，三人高兴地击掌庆贺。

小雨默默地将刚才记录的内容进行了分类整理，并贴上了不同的标签。大家集合的时候，她将整理后的资料分享给了同组的伙伴们。伙伴们都惊呆了："整理得太全面了！""太棒了！"大家赞不绝口。

这时，小天热情地招呼大家："咱们一起坐坐，休息一下，吃点好吃的吧。"说完，小天就从包里拿出自己带的零食和大家分享。伙伴们一边道谢，一边也都从自己的包里拿出各种吃的、喝的，还有参观完要上交的观察记录，说着，笑着，交流着……

2.讨论

（1）故事中的人物，你喜欢谁？他（她）带给你什么样的感受？

故事里我喜欢的人物	我喜欢的人物带给我的感受

（2）和故事中你喜欢的人物交朋友会带给你什么样的感受？

（3）在这个故事中，你觉得哪个人物和你自己比较像？你喜欢的人物是和自己像的还是和自己不像的？

活动二 不同的朋友，不同的快乐

1. 朋友类型初体验

朋友是分多种类型的，不同类型的朋友给我们带来的快乐也不太一样。朋友都有哪些类型呢？各种类型的朋友会给我们带来什么样的快乐？请你看看下表中六种类型的朋友，想想他们会给我们带来什么样的快乐，填在表格中。

六种朋友类型	生活中的理解	故事中的例子	这类朋友带来的不同的美好
挚友型朋友	志同道合，互相认同，能够共患难的朋友	小曼和小美。两人志趣相投，都喜欢蔷薇科植物，赞同对方的观点和想法	
合作型朋友	为了共同的目标而互相配合的朋友	小雨、小新和小早。他们互相帮助、分工合作，共同完成记录任务	
娱乐型朋友	有共同兴趣，可以一起玩耍的朋友	小天和小雨。他们都喜欢摄影，一起讨论，分享感兴趣的话题	
亲密型朋友	相互喜欢、相互信任、真诚相待、彼此默契的朋友	小早和小新。他们并肩走着，有时窃窃私语，有说不完的话	
礼节型朋友	有角色意识和规则意识，能够有礼貌地进行一般性交往的朋友	小天。他对同伴热情，乐于分享，有礼貌地与同伴进行交流	
给予型朋友	能够提供无私的帮助，不计较得失的朋友	小雨。她把自己整理的资料分享给小组同伴	

活动三　来到我的生活里

通过上面的学习，请根据你的实际情况回答下列问题，总结自己的朋友类型。

1.我发现自己喜欢的朋友是 _____ 。

A.挚友型朋友　　　　　B.合作型朋友　　　　　C.娱乐型朋友

D.亲密型朋友　　　　　E.礼节型朋友　　　　　F.给予型朋友

2.我发现自己的朋友大多属于 _____ 。

A.挚友型朋友　　　　　B.合作型朋友　　　　　C.娱乐型朋友

D.亲密型朋友　　　　　E.礼节型朋友　　　　　F.给予型朋友

3.我发现自己还可以拓展 _____ 。

A.挚友型朋友　　　　　B.合作型朋友　　　　　C.娱乐型朋友

D.亲密型朋友　　　　　E.礼节型朋友　　　　　F.给予型朋友

4.我觉得礼节在朋友交往中 _____ 。

A.重要　　　　　　　　B.不重要

5.除了这六种类型的朋友外，还可能有其他类型的朋友，如_____ 。

6.我发现自己一般会成为他人的 _____ 型朋友，我还可以成为他人的 _____ 型朋友。

我真的学到了！

下面列出了这节课的主要内容，你都掌握了吗？请根据你掌握的程度给下面每项内容后面的☆涂色

（1）有的朋友和我相似，有的朋友和我互补。
☆☆☆☆☆

（2）各种各样的朋友带给我不同的感受，朋友多快乐多。☆☆☆☆☆

（3）不同类型的朋友会给我们带来不一样的幸福和快乐，因此，各种类型的朋友可以丰富我们的情感世界。☆☆☆☆☆

（4）对朋友的选择和各种类型的朋友会让我们更进一步认识自己。
☆☆☆☆☆

第一单元 第二单元 第三单元 第四单元 第五单元

我的练功房

五级功夫第一招：发现不同类型的朋友带来的快乐。

1. 练功目的
觉察不同类型的朋友，体验和各种朋友在一起时不同的快乐。

2. 练功要领
（1）觉察自己各种类型的朋友。
（2）感受不同类型的朋友带来的快乐。

我的练功房

讲述一个美好的觉察小故事，通过这个故事来体现不同类型的朋友给自己带来的快乐：可以讲述自己和好朋友交往的瞬间，也可以讲述自己最喜欢的朋友，还可以讲述自己希望有什么样的朋友。

发现不同类型的朋友带来的快乐

朋友类型	我觉察到的朋友	事件	快乐感觉
挚友型朋友			
合作型朋友			
娱乐型朋友			
亲密型朋友			
礼节型朋友			
给予型朋友			

我的学习和练功体会

你在学习、练功过程中有什么体会和感悟？以文字或者图画的形式记录下来吧。

第一单元

第二单元

第三单元

第四单元

第五单元

第二课时　我会和不一样的人交朋友

学习目标

1.自己和他人的反应密码或需要密码不同时，学会相互理解、相互欣赏、相互接纳。

2.理解和跟自己不一样的人交朋友能够获得新鲜感和自我成长的快乐。

我会交朋友

活动一　反应密码不一样怎么交朋友

1.情景故事

急性子与慢性子

下课了，壮壮飞快地跑到小天的座位旁，兴奋地拽着小天的衣角说："快走，快走！去跟我下一盘棋！"小天却不慌不忙地整理着学具袋。"你怎么回事呀？磨磨蹭蹭的！"壮壮埋怨道。"着什么急嘛，等我收拾完了就陪你下棋。"小天一边说，一边继续整理。壮

壮有点生气了，怒目圆睁，冲小天嚷道："你这么慢，等你收拾完，黄花菜都凉了！你再磨磨蹭蹭的，我就不等你了！"小天噘着嘴回答道："不等就不等，谁要你等了呀？"壮壮听了，气愤地扬长而去，嘴里嘟囔着："我就没见过你这么磨叽的人！"

2. 讨论

（1）壮壮为什么会生气？小天理解壮壮的生气吗？

（2）壮壮和小天有可能成为朋友吗？为什么？

（3）如果壮壮继续保持急性子，小天继续保持慢性子，他们的交往会是什么样的？

（4）再回到壮壮找小天下棋的故事情境中，壮壮和小天怎么做才能避免矛盾？

---

3. 情景故事

急性子和慢性子（续）

过了几天，一节美术课前，同学们都准备好了书本和画具，等着老师来上课。壮壮坐在自己的座位上，一边着急地在桌斗里翻来翻去，一边喃喃自语："我的黄色彩笔呢？刚才还在这儿呢！"小

天看到壮壮火急火燎、抓耳挠腮的样子，赶紧走过去，将自己备用的黄色彩笔递给了他，轻声说："给你用吧，以后不要丢三落四了，物归原处就不会找不到呀！"壮壮看了看小天，难为情地笑了，小天也笑了。

4. 讨论

（1）在这个故事里，小天和壮壮有什么变化？

（2）小天和壮壮为什么会有这样的变化？这样的变化给他们带来了什么感受？

（3）反应密码相同的人交朋友会得到什么样的快乐？反应密码不同的人交朋友，又会得到什么样的快乐？

（4）在你的生活中，有过和反应密码不同的人交朋友的经历吗？

活动二　和需要密码不一样的人交朋友

1. 情景故事

听　音　乐

放学后，小新到小早家做客。做作业时，他们被一道数学题难住了，绞尽脑汁也想不出来。看着小早紧锁的眉头，小新说："我们听音乐放松一下吧。""好呀，我最爱听音乐了！"小早觉得这是个好主意，马上播放了一首自己百听不厌、让人热血沸腾的摇滚乐。当激情昂扬的音乐响起时，小早兴致勃勃地跟着音乐手舞足蹈，完全沉浸其中。小新从小就练得一手好钢琴，尤其擅长弹肖邦和莫扎特的曲子，对摇滚乐却没什么兴趣。听到"闹哄哄"的摇滚乐，他皱起眉头、堵住耳朵，厌烦地说："好了，别放了，太吵了！我要听舒缓的钢琴曲。"小新这突如其来的反应让小早瞠目结舌。小早不解地说："这首歌多好听啊，它可是我的最爱！钢琴曲让人昏昏欲睡，有什么好听的，不如听这个呢。"……随着两人的争执，小新和小早刚刚因为放松而绽放的笑脸又匆匆地消失了。

第一单元
第二单元
第三单元
第四单元
第五单元

2. 讨论

（1）小新和小早之间的不同是什么不同？

（2）小新和小早觉察到他们之间的不同了吗？他们接纳这种不同了吗？

（3）觉察和接纳了彼此的不同之后，小新和小早可以怎样协调两人的需要呢？

_____

（4）"你需要＋我需要"的调整会给人带来什么样的快乐和收获？

_____

我真的学到了！

下面列出了这节课的主要内容，你都掌握了吗？请根据你掌握的程度给下面每项内容后面的☆涂色。

1. 我和朋友的反应密码和需要密码可能相同，也常常会不同。
☆☆☆☆☆

2. 跟反应密码或需要密码不同于自己的人交朋友会给我们带来新鲜感，这种新鲜感会让我们感到快乐，在协调彼此反应密码或需要密码的过程中，我们也能感受到自我成长的快乐。☆☆☆☆☆

3. 交朋友的秘诀：首先要觉察自己和对方的反应密码或者需要密码是否相同，如果不同，要学会相互理解、相互欣赏、相互接纳。
☆☆☆☆☆

4. 记住反应密码和需要密码，我就会和跟我不一样的人交朋友了。
☆☆☆☆☆

我的练功房

五级功夫第二招：我会和不一样的人交朋友。

1. 练功目的

用课上学到的交友秘诀去交一个和自己不太一样的朋友，在这个过程中感受快乐、发展自我。

2. 练功要领

（1）觉察自己和朋友之间反应密码或者需要密码的不同，并且接纳这种不同。

（2）通过"你反应＋我反应"或者"你需要＋我需要"主动协调自己和朋友之间的不同。

（3）体会和反应密码或需要密码不同于自己的人交朋友给我们带来的新鲜感和自我成长的快乐。

我会和不一样的人交朋友

名字	我们成为朋友的故事	反应密码／需要密码	结交新朋友给我带来的快乐
（我）			
（伙伴）			

我的学习和练功体会

你在学习、练功过程中有什么体会和感悟？你可以试着用画笔表达你的感受，并和你新交到的好朋友分享。

第二单元
我们的冲突与回转

第三课时　友谊小回转

学习目标

1. 认识到朋友之间出现冲突是很正常的，有冲突就要尝试去沟通，这样才能找回美好的友谊。

2. 理解友谊的冲突陷阱是"我好，你不好"，跳出冲突陷阱使友谊回转的关键是换位思考——从"我"到"你"，从"我好，你不好"到"我好，你也好"，并主动询问"你怎么了"。

3. 理解并学会运用友谊回转"三步曲"。

我会交朋友

活动一　友谊的冲突陷阱："我好，你不好"

1. 情景故事

我好，你不好

小天和壮壮是非常要好的朋友，不管是玩耍，还是学习，两人总在一起。

小天过生日时，妈妈送给他一套他最爱的汽车模型。小天每天放学回家都会拿出这套汽车模型玩一会儿，爱不释手。周末，小天和壮壮相约一起出去玩，小天带上了这套汽车模型，和壮壮一起玩。壮壮非常羡慕小天，一次又一次地表示自己很喜欢其中的红色小汽车，还抱着那辆小汽车不撒手。小天看壮壮这么喜欢红色小汽车，当时又玩得高兴，于是大手一挥，说："你喜欢就送给你吧！"壮壮一听，乐得一蹦三尺高，连声道谢。

可没过两天，在一个大课间，小天急匆匆地跑到壮壮跟前，拉着他说："那辆红色小汽车你得还给我！"壮壮听了，满脸的不可思议。他连忙攥紧了口袋里的汽车模型，不高兴地说："你都把它送给我了，怎么能再要回去呢？没见过你这样的人！"小天一听壮壮不愿意把红色小汽车还给他，还指责他，火气一下就上来了，指着壮壮大声喊道："那是我给你的东西，本来就是我的，你必须还给我！""现在它已经是我的了，我就不给你！"壮壮也不示弱。就这样，两人你一言我一语地吵了起来。

第一单元
第二单元
第三单元
第四单元
第五单元

2.讨论

（1）在故事的最后，小天和壮壮两人分别是什么情绪？为什么会有这种情绪？从他们的情绪和行为中你感受到了什么？

_____

_____

（2）如果小天和壮壮两人都坚持"我好，你不好"的想法，他们的冲突能解决吗？为什么？

_____

（3）如果小天和壮壮都不理对方了，他们的冲突能解决吗？怎样才能解决冲突呢？

_____

活动二　我们一起扭一扭，跳出友谊的冲突陷阱

1. 友谊回转"三步曲"

我们可以通过友谊回转"三步曲"跳出友谊的冲突陷阱，找回友谊。

第一步：我来扭一扭 （觉察情绪，主动询问）	第二步：你说我听 （你怎么了）	第三步：我说你听 （我怎么了）
回转目的：从"我"转向"你"	回转目的：耐心听并理解对方怎么了	回转目的：好好告诉对方自己怎么了
回转要领（小三步）： （1）觉察自己的情绪并调整 （2）觉察对方的情绪 （3）主动询问对方：你怎么了？	回转要领（小三步）： （1）听对方描述他看到了"我"的什么行为 （2）听对方描述这种行为造成的后果 （3）听对方表达他的内心感受	回转要领（小三步）： （1）具体描述对方的行为 （2）描述对方的行为造成的后果 （3）表达自己的内心感受

2. 我们一起扭一扭

小天和壮壮可以利用友谊回转"三步曲"，一起扭一扭，跳出友谊的冲突陷阱。我们先来练一练小天的友谊回转"三步曲"。

第一步：我来扭一扭 （觉察情绪，主动询问）	第二步：你说我听 （你怎么了）	第三步：我说你听 （我怎么了）
小天从"我"转向"你"：	小天耐心听壮壮说他怎么了。 壮壮说：	小天对壮壮说自己怎么了：

我们再一起练练壮壮的友谊回转"三步曲"。

第一步：我来扭一扭 （觉察情绪，主动询问）	第二步：你说我听 （你怎么了）	第三步：我说你听 （我怎么了）
壮壮从"我"转向"你"：	壮壮耐心听小天说他怎么了。 小天说：	壮壮对小天说自己怎么了：

3. 讨论

（1）运用友谊回转"三步曲"后，小天和壮壮还会觉得"我好，你不好"吗？

_____

（2）针对小天和壮壮的冲突，可以有哪些解决方案？

_____

（3）跳出友谊的冲突陷阱的关键是什么？

_____

（4）朋友间发生冲突时，先主动沟通的人会吃亏吗？

_____

活动三　来到我的生活里

你和朋友之间是否产生过冲突？你可以运用今天学习的内容化解冲突、找回友谊吗？请你试着运用友谊回转"三步曲"给朋友写一封信吧。如果课堂时间不够，也可以概要地写信。

×××同学：

　你好！

　（第一段：描述一下冲突故事）

_____

_____

_____

（第二段：写一写自己觉察到的双方的情绪，意识到不单是自己有理，可能对方也有理，问一句"你怎么了"）

_____

_____

_____

（第三段：说明自己想要了解对方怎么了）

我很想知道我的哪些语言、行为造成了我们的冲突，给你带来了什么后果，你的感受是什么，你能告诉我吗？

（第四段：说说自己怎么了，即描述对方的行为、行为的后果和自己的感受）

_____

_____

_____

（第五段：表达自己对找回友谊的期待）

我非常珍惜我们之间的友谊，希望我们能够一起扭一扭，跳出友谊的冲突陷阱，让美好的友谊再回到我们中间。期待你的回信！

×××

×年×月×日

第一单元

第二单元

第三单元

第四单元

第五单元

我真的学到了！

下面列出了这节课的主要内容，你都掌握了吗？请根据你掌握的程度给下面每项内容后面的☆涂色。

1.朋友之间发生冲突很正常，要尝试沟通才能解决冲突，找回友谊。
☆☆☆☆☆

2.友谊的冲突陷阱是"我好，你不好"。☆☆☆☆☆

3.友谊回转"三步曲"：我来扭一扭（觉察情绪，主动询问）；你说我听（你怎么了）；我说你听（我怎么了）。☆☆☆☆☆

4.找回友谊的关键是换位思考：从"我"到"你"，从"我好，你不好"到"我好，你也好"。☆☆☆☆☆

我的练功房

五级功夫第三招：友谊回转"三步曲"。
1.练功目的
理解友谊的冲突陷阱"我好，你不好"，运用友谊回转"三步曲"解决冲突，感受找回友谊的快乐。
2.练功要领
（1）我来扭一扭（觉察情绪，主动询问）：觉察自己和对方的情绪，主动询问"你怎么了"，不计较谁先说。

（2）你说我听（你怎么了）：耐心听，听对方说"我"的行为、行为的后果和他的感受。

（3）我说你听（我怎么了）：好好说，说对方的行为、行为的后果和自己的感受。

友谊回转"三步曲"

冲突故事	第一步：我来扭一扭（觉察情绪，主动询问）	第二步：你说我听（你怎么了）	第三步：我说你听（我怎么了）
	练功目的：从"我"转向"你"	练功目的：耐心听并理解对方怎么了	练功目的：好好告诉对方自己怎么了
	练功要领（小三步）：(1) 觉察自己的情绪并调整 (2) 觉察对方的情绪 (3) 主动询问对方：你怎么了？	练功要领（小三步）：(1) 听对方描述他看到了"我"的什么行为 (2) 听对方描述这种行为造成的后果 (3) 听对方表达他的内心感受	练功要领（小三步）：(1) 具体描述对方的行为 (2) 描述对方的行为造成的后果 (3) 表达自己的内心感受

第一单元

第二单元

第三单元

第四单元

第五单元

我的学习和练功体会

你在学习、练功的过程中有什么体会和感悟？以文字或图画的形式记录下来吧！

第四课时　友谊大回转

学习目标

　　1. 学会借助"冲突回放"，运用美好回忆法体会冲突发生前和朋友在一起的美好，珍惜友谊。

　　2. 能够回忆和朋友在一起的美好时光，寻找友谊历史事实，消除疑虑，坚定对朋友的信任，让友谊彻底回来。

我会交朋友

活动一　冲突前的美好

1. 冲突回放

我好，你不好

　　小天和壮壮是非常要好的朋友，不管是玩耍，还是学习，两人总在一起。

　　小天过生日时，妈妈送给他一套他最爱的汽车模型。小天每天放学回家都会拿出这套汽车模型玩一会儿，爱不释手。周末，小天和壮壮相约一起出去玩，小天带上了这套汽车模型，和壮壮一起玩。壮壮非常羡慕小天，一次又一次地表示自己很喜欢其中的红色小汽车，还抱着那辆小汽车不撒手。小天看壮壮这么喜欢红色小汽车，当时又玩得高兴，于是大手一挥，说："你喜欢就送给你吧！"壮壮一听，乐得一蹦三尺高，连声道谢。

可没过两天，在一个大课间，小天急匆匆地跑到壮壮跟前，拉着他说："那辆红色小汽车你得还给我！"壮壮听了，满脸的不可思议。他连忙攥紧了口袋里的汽车模型，不高兴地说："你都把它送给我了，怎么能再要回去呢？没见过你这样的人！"小天一听壮壮不愿意把红色小汽车还给他，还指责他，火气一下就上来了，指着壮壮大声喊道："那是我给你的东西，本来就是我的，你必须还给我！""现在它已经是我的了，我就不给你！"壮壮也不示弱。就这样，两人你一言我一语地吵了起来。

2.讨论

（1）小天为什么把自己的生日礼物带给壮壮玩，并且送给他？

（2）壮壮和小天一起玩的时候，他们是什么心情？你从哪里看出来的？

（3）如果小天和壮壮能够在"冲突回放"中体会到冲突发生前他们在一起的美好，他们的情绪和行为会发生什么变化？

活动二　大美好与小冲突

1. 情景故事

让友谊彻底回来

小天和壮壮通过友谊小回转，感受到了对方的情绪，了解了对方的需要，跳出了友谊的冲突陷阱，冲突化解了。但是，两个人心里多少还是有些别扭。小天有时候还会觉得壮壮不把小汽车还给自己时很无理取闹，壮壮也会看到小汽车就想起小天言而无信。两人看上去和好了，可心里还是有点不舒服。于是，壮壮向妈妈倾诉。妈妈说："你们俩从小就是好朋友，也经常互送礼物，你看，家里的蜘蛛侠不就是小天送给你的吗？你们一起玩了这么久，你应该知道他不是一个言而无信的孩子。"听了妈妈的话，壮壮脑子里不断闪现出以往和小天在一起时开心的场景，那一幕幕画面让壮壮情不自禁地露出了幸福的微笑。"对呀！小天不是言而无信的人！他这次要回小汽车是因为那是妈妈送他的生日礼物，如果小天妈妈发现自己精心准备的礼物被小天随便就送人了，她会难过的。"

想到这儿，壮壮长出了一口气，脸上一片晴朗……

2. 讨论

（1）壮壮的心情彻底变好了吗？壮壮"别扭"的是什么？是什么让他发生了改变？

_____

（2）壮壮的这种回忆与我们学过的"美好回忆法"有什么相同点和不同点？

相同点：_____

不同点：_____

（3）壮壮当初为什么会认为小天"言而无信"呢？

_____

（4）假设你是壮壮，请你用彩笔在下面写有不同时间或事件的格子中涂涂你的情绪色彩。

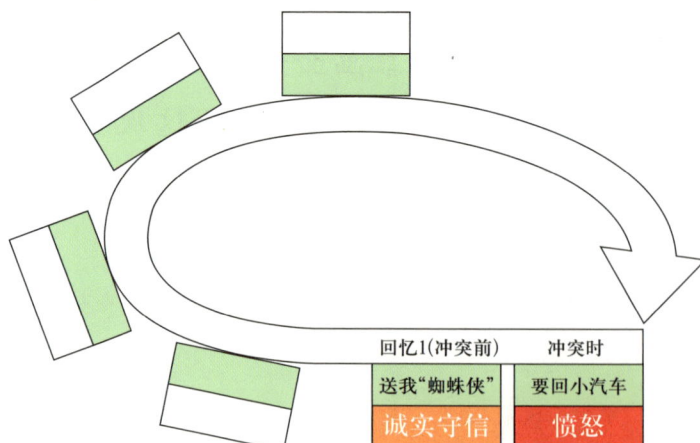

回忆1（冲突前）	冲突时
送我"蜘蛛侠"	要回小汽车
诚实守信	愤怒

活动三　来到我的生活里

你和某位朋友之间有没有因为一点小冲突而导致彼此心里不愉快，至今都没有完全和好？请回忆一下你们一起度过的美好时光，看看这些回忆能不能消除你在和他交往中产生的疑虑与困惑，给你带来温暖和幸福。

第一单元

第二单元

第三单元

第四单元

第五单元

我真的学到了！

下面列出了这节课的主要内容，你都掌握了吗？请你根据掌握的程度给下面每项内容后面的☆涂色。

1.在冲突发生之后，可以借助冲突，运用美好回忆法回放体会冲突发生前和朋友在一起的美好，珍惜友谊。☆ ☆ ☆ ☆ ☆

2.回忆和朋友在一起的美好时光，寻找友谊的历史事实，能够帮助我们消除疑虑与困惑，坚定对朋友的信任，让友谊彻底回来。☆ ☆ ☆ ☆ ☆

我的练功房

五级功夫第四招：友谊大回转。
1.练功目的
回顾和朋友在一起的美好时光，消

33

除疑虑与困惑，坚定对朋友的信任。

2.练功要领

（1）描述自己和朋友之间发生的冲突。

（2）明确自己在和朋友交往中的疑虑与困惑是什么。

（3）通过回忆收集事实，看到朋友一贯的态度和行为。

（4）理解冲突的特殊性，坚定对朋友的信任。

请你把自己在练功过程中的体会和感悟，以图画或文字的形式记录在后面"我的学习和练功体会"部分，也可以单独拿一张白纸来记录。

我的学习和练功体会

你在学习、练功的过程中有什么体会和感悟？以文字或者图画的形式记录下来吧。

第三单元
爱自己与爱朋友

第五课时 爱自己

学习目标

　　1.体会爱自己需要认识自己的优点和不足，接纳自己的全部。

　　2.体会爱自己要敢于在他人面前表达自己真实的需要，并协调"你需要"和"我需要"。

　　3.理解爱自己也要爱别人，要协调"你需要"和"我需要"。

我会交朋友

活动一　让我和你一个组吧

1. 情景故事

让我和你一个组吧

　　新年联欢会就要到了，小雨想到可以上台表演节目，好开心呀！

　　老师让同学们自由组合准备节目，小雨犯难了：我能和谁一个组呢？看着很多同学都找到了自己的同伴，小雨心里更着急了。这时，她看到小曼一个人在座位上东张西望，好像还没有找到同伴。小雨赶紧跑过去，怯怯地问："小曼，我能不能和你一起表演节目？"小曼瞥了她一眼，淡淡地问："你要表演什么节目？"小雨不自信地说："我也不知道。我学过弹钢琴，但弹得不太好，也没找到同伴。

你要表演什么？我表演什么都可以，能和你一个组就行。"小曼听了，傲慢地说："那好吧，这次就让你和我一组。我擅长跳舞，你就跟我一起表演舞蹈吧。"小雨平时没跳过舞，为难地说："这……好吧！那怎么跳呢？""你就跟着我跳，我跳什么动作你就跳什么动作。"小曼说完，起身走了。

为了配合小曼跳好舞，小雨可没少下功夫。小曼的舞蹈动作很快，小雨完全跟不上节奏，也记不住动作。她想请小曼教她，但小曼认为她自己跳好就行了，根本不管小雨。为了能在联欢会上表演，小雨只好自己琢磨、练习。

新年联欢会那天，在同学们热烈的掌声中，小雨和小曼开始表演她们的节目。可没想到，刚刚开始，小雨就紧张地跳错了动作，还不小心摔倒了。节目演完后，小曼生气地指责小雨说："都怪你！要不是你，我肯定能演得更好。"那表情和口气里满是嫌弃。小雨好难过呀！她很伤心，也很自责，怪自己没有跳好。

回到家里，小雨还是很难过，就跟妈妈说了这件事。妈妈说："小雨，你会弹钢琴，为什么不给小曼伴奏，让小曼跳舞呢？""对呀，我怎么忘了自己可以伴奏呢！"小雨完全没有想到这一点。妈妈接着说："小雨，你总是为别人着想，这是好的，但以后要更自信一点，不要总是委屈自己。"听了妈妈的话，小雨似乎明白了点什么。

2. 讨论

（1）在这个故事中，小雨的情绪是什么？

第一单元
第二单元
第三单元
第四单元
第五单元

（2）当小曼指责小雨的时候，小雨很难过、很自责，你怎么看？

_____

（3）小雨应该怎样爱自己？

_____

（4）小曼爱自己吗？

_____

活动二　我们俩一个组吧

1. 故事新编

请你用刚学到的爱自己的方式，以"我们俩一个组吧"为故事名，改编上面的故事。

2. 情景表演

请你和同组小伙伴以一个改编后的故事为剧本，由组内两位同学分别扮演小雨和小曼，合作表演情景剧。

活动三　来到我的生活里

在生活中你有过与小雨、小曼相似的经历吗？如果时光倒流，回到当时的场景，你会让自己做出哪些改变呢？请你根据今天学习的内容想一想、写一写。

故事背景	当时我的表现 （不爱自己的语言和行为）	现在我的改变 （爱自己的语言和行为）

我的改变体现了爱自己的 ＿＿＿＿＿＿＿＿＿＿＿ 原则。

第一单元

第二单元

第三单元

第四单元

第五单元

我真的学到了！

下面列出了这节课的主要内容，你都掌握了吗？请你根据掌握的程度给下面每项内容后面的☆涂色。

1.爱自己，要认识自己的优点。即使自己失败了，遭到了别人嫌弃，也要看到自己的优点，接纳自己的全部。☆ ☆ ☆ ☆ ☆

2.爱自己就要敢于在他人面前表达自己真实的、合理的情绪和需要。☆ ☆ ☆ ☆ ☆

3.爱自己，在与他人合作出现问题时，既要看到自己的责任，又不能全怪自己。☆ ☆ ☆ ☆ ☆

4.爱自己也要爱别人，要协调"你需要"和"我需要"。☆ ☆ ☆ ☆ ☆

我的练功房

五级功夫第五招：我想……。

1.练功目的

与他人相处时，能够表达出自己真实的、合理的需要，爱自己。

2.练功要领

（1）认识自己的需要，包括问题的解决、特长的发挥、愿望的实现等。

（2）向他人表达自己的需要，同时要注意协调"你需要"和"我需要"。

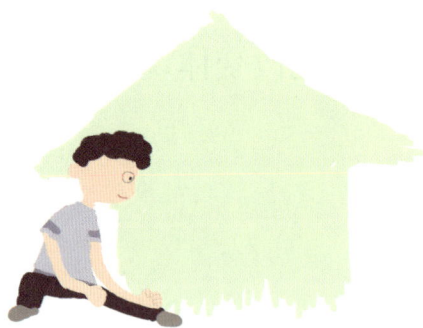

我想……

生活情境	他人的需要	我的需要	我表达自己的需要

我的学习和练功体会

你在学习、练功的过程中有什么体会和感悟？以文字或者图画的形式记录下来吧。

第六课时　爱朋友

学习目标

1. 体验和理解爱朋友要做到包容、尊重、分担，这样才能真正让朋友感到温暖。
2. 体验和理解爱朋友的"倾听三阶段"，感受倾听的温柔。
3. 体会和理解爱朋友也是爱自己。

我会交朋友

活动一　在一起

1. 情景故事

小雨和小美的故事

早晨，小雨走进教室，发现好朋友小美阴沉着脸，无精打采地坐在座位上，完全不是平时爱说爱笑的样子。看到朋友不开心，小雨也不知道该做些什么。她走到小美身边坐下来，什么也没说，只是安静地做着自己的事。

教室里的同学越来越多了，有人兴

奋地聊着天，有人忙着准备上课用的书本、文具，只有小雨默默地陪着异常安静的小美。

时间一分一秒地走着，直到一阵清脆的铃声打破了这份静默。该上早操了，小美突然对身边的小雨说："走吧，我们上操去。"

看到小美露出了微笑，小雨提着的心也放了下来。"好呀，走！"她开心地答应着，拉起小美的手，走出了教室。

第一单元

第二单元

第三单元

第四单元

第五单元

2. 讨论

（1）看到小美不开心，小雨做了什么？

_____

（2）小雨的行为让小美感受到了什么？为什么她的情绪状态很快好起来了？

_____

（3）如果你是小雨，你还会做些什么？

_____

（4）故事中，小雨只是静静地坐在小美身边。请你体会一下：小雨这样做体现了她对小美怎样的感情？

_____

（5）经过前面的讨论，你觉得爱朋友应该怎么做呢？

_____

活动二　没事，有我呢！

1. 情景故事

小雨和小美的故事（续）

早操结束后，小雨和小美两个好朋友手拉手走在操场上，慢慢地话多了起来。小雨小心地问："你现在好些了吧？刚才怎么了？"小美苦笑了一下，说："还不是因为昨天的考试，我才考了70分，回家后妈妈问我考得怎么样，我怎么也没有勇气告诉她。刚才在教室里，我想起老师还让我们分析卷子，又觉得不该瞒着妈妈，就怎么也高兴不起来了。"

小雨终于明白小美为什么一大早就情绪不高了，她急忙说："这样啊。没事的，我已经把卷子上每一道题都弄明白了，我可以帮你一起把错题弄明白、改过来。放心，有我呢！其实，你妈妈最在意的是你有没有学会，你把该掌握的知识点掌握了，认真把错题改了，你就可以放心地告诉妈妈了。"听着小雨的话，小美感激地拥抱了她。小雨轻轻地拍着小美的后背，胸有成竹地说："没事，有我呢！走，我们回教室改错去！"小美笑了，小雨也笑了。

第一单元

第二单元

第三单元

第四单元

第五单元

2. 讨论

（1）小雨这次又做了什么？她的哪些做法让你觉得感动？

_____

（2）小雨这么做的时候，小美能感受到什么？小雨又能感受到什么？

_____

（3）小雨听出了小美所有的需要，真是太棒了！你说我听最温柔。请你想一想：怎么听最温柔？

_____

活动三　来到我的生活里

请你回忆一下自己是否做过温柔的倾听者并和小组同伴分享。

我真的学到了！

下面列出了这节课的主要内容，你都掌握了吗？请根据你掌握的程度给下面每项内容后面的☆涂色。

1.爱朋友，要包容，能等待；爱朋友，要尊重，不勉强；爱朋友，要分担，送温暖；爱朋友…… ☆☆☆☆☆

2.亲密的陪伴最重要，将心比心最温暖，你说我听最温柔，我来帮你最有力量。☆☆☆☆☆

3.爱朋友也是爱自己。☆☆☆☆☆

我的练功房

五级功夫第六招：你说我听最温柔。
1.练功目的
体会什么样的倾听是"爱朋友"的倾听。

2. 练功要领

"你说我听"三阶段：（1）在朋友愿意倾诉的时候倾听；（2）尽可能听出朋友所有的需要；（3）倾听后知道可以为朋友做些什么。

你说我听最温柔

事件	阶段	具体做法
	在朋友愿意倾诉的时候倾听	
	尽可能听出朋友所有的需要	
	倾听后知道可以为朋友做些什么	

你愿意用你喜欢的颜色将你练功后的感觉填满下面这颗心吗？

我的学习和练功体会

你在学习、练功的过程中有什么体会和感悟？以文字或者图画的形式记录下来吧。

第四单元
我们的秘密和界限

第七课时　我们之间的秘密

学习目标

1.理解可以和自己信任的人分享秘密，感受分享秘密是一种幸福。

2.理解当他人向我们分享了秘密时，我们要学会保守秘密，知道保守秘密是一种责任。

3.知道朋友之间分享秘密时要做到有福同享、有难同当、有错必纠，理解这才是亲密关系。

4.知道面对他人分享的秘密，自己要有分析和判断的能力，感觉有可能损害他人的安全和利益时，可以向值得信任的人求助。

我会交朋友

活动一　小曼和小美的秘密

1. 情景故事

只说给你听

小曼特别喜欢猫，想养一只，但是妈妈不同意。妈妈不喜欢猫，也害怕养猫会染上什么病，还担心养猫会耽误小曼的学习，所以不让小曼养。

一天，小曼发现小区里的流浪猫花花生了一窝可爱的小猫。小猫太可爱了！小曼太喜欢它们了！她忍不住每天都去看望花花和这些小猫，还把家里的食物带出来，给它们补充营养。

兴奋之余，小曼又有点担心，怕被妈妈发现，怕妈妈阻止她。于是，她把这个秘密告诉了自己的好朋友小美。小美不像小曼那么喜欢猫，但她非常支持小曼，为小曼出了很多主意，并且保证自己会保守秘密，让小曼放心。她们商量好，每天放学后两人一起去喂猫，如果一个人有事，另一个人就自己去，而且保证喂的时候不直接接触猫。开始时，小曼和小美都从家里带食物喂小猫，随着小猫越长越大，食物不够吃了，她们又一起去学校的食堂找剩饭，还把各自的零花钱凑在一起买猫粮、买逗猫玩具。在和小曼一起喂猫的过程中，小美也越来越喜欢猫了。

有了共同的秘密，小曼和小美觉得很幸福，心里也很踏实！

2.讨论

（1）当小曼心里有了秘密时，她可能会有什么样的情绪？为什么会有这些情绪？其中最核心的情绪是什么？

（2）当小曼把这个秘密分享给小美的时候，小曼有什么情绪？有什么需要？小美为小曼做了什么？

第一单元

第二单元

第三单元

第四单元

第五单元

小曼的情绪	小曼的需要	小美为小曼做的事
兴奋、紧张、忐忑	支持	支持小曼喂猫，答应保守秘密

（3）小曼背着妈妈喂猫的行为是否恰当？

_____

（4）小曼为什么要把自己的秘密告诉小美？

_____

（5）在故事最后，你能用什么词和句子来描述小曼的心情？从中你能体会到亲密关系是什么样的关系吗？

_____

（6）假如小美泄露了小曼喂猫的秘密，小曼以后还要不要再和别人分享自己的秘密？

_____

活动二　给老师写封信

1. 情景故事

我们给老师写封信吧

　　一天放学后，小天和壮壮一起去老师办公室补交作业。办公室里没人，两人看到他们班的一摞作业本就放在桌子上，于是直接走过去，把自己的本子也放了进去。他们放好后，刚要转身离开，小天不小心碰到了一只蓝白色花瓶，只听"啪"的一声，花瓶掉到地上摔碎了。走在前面的壮壮吓了一跳，还没等他反应过来是怎么回事，小天拉住他就往外跑，一口气跑出了学校。

第二天上课前，随着一阵急促的高跟鞋踩在地板上的"咚咚"声，班主任刘老师走进了教室。她神情严肃地说："昨天我开完会回到办公室，看到满地都是花瓶的碎片。咱们班有没有同学在我办公室里打碎了花瓶？"刘老师停下来，目光扫视了一圈，等了几秒钟，看没人吭声，接着说："花瓶是坐在我对面的王老师的，虽然王老师没说什么，但如果是咱班同学打碎的，我希望这位同学能主动站出来承认错误。如果这位同学勇敢地承认，我们会原谅你的，但如果这位同学连认错的勇气都没有，我还是会调查的。我再问一遍：咱班有没有人打碎了花瓶？"说完，刘老师又看了一圈，静静地等着。小天的心怦怦跳个不停，不知道该怎么办。"没人承认，那我就要调查了。"刘老师丢下一句话，又急匆匆地离开了。小天坐在座位上，脸上火辣辣的，心里也乱糟糟的。他偷偷地看了一眼壮壮，发现壮壮也正看着他……

这一天，小天做什么都心不在焉的。壮壮几次想找他聊聊，都没找到合适的机会。好不容易等到了放学，一出校门，壮壮就把小天拉到了一边，轻声说："小天，我觉得你应该主动向老师承认错误，老师一定会原谅你的。"小天说："这事儿我也想了一天，可还是不敢说。咱们又不了解王老师，万一她让我赔钱怎么办？我要是问我爸妈要钱，肯定会挨骂的！""那你也应该去向老师承认错误！"壮壮着急地说。然后，他又安慰小天："没关系的，咱们先去向刘老师承认错误，再请她帮我们和王老师沟通。刘老师虽然严厉，但对我们特别

第一单元
第二单元
第三单元
第四单元
第五单元

好，你说是吧？如果真要赔钱，我有零花钱，可以和你一起凑，实在不够，咱们还可以找别的同学借。你放心，不管怎么样，我都不会说出去的。"小天犹豫了一下，又担心地说："老师那么忙，我怕一下子说不清楚。"壮壮认真地想了想，说："要不我们给老师写封信吧。""好！"小天终于下定了决心。于是，他们一起回到壮壮家，开始给老师写信……

2.讨论

（1）打碎花瓶后，壮壮做了什么？你觉得壮壮做得对吗？为什么？

_____

（2）小天和壮壮决定以写信的方式向老师承认错误。你觉得他们应该一起给老师写信还是让小天一个人写信？

_____

（3）假设你是小天或壮壮，你会在信里写些什么呢？

_____

（4）小天和壮壮在共同面对打碎花瓶这个秘密时，有幸福的体验吗？

_____

活动三　来到我的生活里

请你回忆一下自己和好朋友分享秘密的美好故事，然后和同伴讨论一下：分享秘密时，要注意什么？

我真的学到了！

下面列出了这节课的主要内容，你都掌握了吗？请根据你掌握的程度给下面每项内容后面的☆涂色。

第一单元

第二单元

第三单元

第四单元

第五单元

1.有自己的秘密是可以理解的，但要注意秘密中可能隐含的危险，避免发生危险。☆☆☆☆☆

2.可以和值得信任的人分享自己的秘密，分享秘密是一种幸福；他人和我们分享秘密时，我们要学会保守秘密，保守秘密是一种责任。☆☆☆☆☆

3.朋友的秘密里有错误时，要及时帮助朋友改正，这才是真正的好朋友；朋友犯错时，包庇朋友也是犯错。☆☆☆☆☆

4.朋友之间分享秘密时要做到有福同享、有难同当、有错必纠。☆☆☆☆☆

5.面对他人分享的秘密，自己要有分析判断的能力，感觉有可能损害他人的安全和利益时，可以向值得信任的人求助。☆☆☆☆☆

6.分享秘密，信任和被信任，一起成长，都是幸福的。☆☆☆☆☆

我的练功房

五级功夫第七招：一起面对我们的秘密。

1. 练功目的

学会分享和保守秘密，做一个会分享并且值得信赖的人；会辨别秘密中什么是好的，什么是不好的；理解什么是真正的好朋友。

2. 练功要领

（1）和朋友分享秘密时能做到有福同享、有难同当、有错必纠。

（2）体会在和朋友分享秘密的过程中自我的成长。

（3）感受和朋友分享秘密时的幸福感和踏实感，体会友谊的美好。

一起面对我们的秘密

秘密：	
有福同享（在秘密中感受到的幸福）	
有难同当（秘密中要解决的问题）	
有错必纠（秘密中要改正的错误）	
一起成长（我学会了……，他学会了……）	

填表说明："有难同当""有错必纠"两项可选择一项进行填写。

我的学习和练功体会

你在学习、练功的过程中有什么体会和感悟？以文字或者图画的形式记录下来吧。

第一单元

第二单元

第三单元

第四单元

第五单元

第八课时　我们之间的界限

学习目标

　　1.知道最亲密的朋友之间也有界限，包括物质界限和精神界限。

　　2.懂得尊重界限就是尊重朋友，不随便越过界限闯入朋友的个人世界，也不因好奇而窥探朋友的隐私。学会尊重界限，感受自由、轻松、愉悦。

　　3.理解自我的需要不仅有具体的需要，还有朋友之间互相尊重、包容、分担的需要以及自我独立和自我管理的需要。

我会交朋友

活动一　那是我的

1. 情景故事

那是我的！

　　小美是个热情开朗的女孩子，经常和大家分享自己喜欢的东西或学习体会，大家都愿意和她做朋友，小美也很享受这种分享带来的快乐。

　　小天是小美最好的朋友，两人几乎无话不谈，也常常共享各种好东西，不分你我。有一天，刚下体育课，小美气喘吁吁地跑回教室，刚一进门，就看到小天拿着自己的水杯，正咕咚咕咚地大口喝水。小美赶忙跑上前，一把抢过了水杯，皱着眉头大声质问小天："你怎么喝我的水？"小天愣了一下，不敢相信地看着小美，生气地

你怎么喝我的水？

说："不就是喝了你一口水嘛，至于这么大喊大叫的吗？小气鬼！"说完，他推开小美走出了教室。小美看着小天的背影，想着小天说的话，既生气又委屈。之后，两人好久都没说话……

2. 讨论

（1）小美为什么生气又委屈？

_____

（2）小美和小天该怎么化解冲突呢？

_____

活动二　我的日记你不能看

1. 情景故事

我的日记你不能看

小天的父母在他8岁的时候离婚了，他一直和姥姥生活在一起。在同学面前，小天总是表现得活泼开朗，但独自一人时，他也会暗自神伤，有时是因为想念爸爸妈妈，有时是因为学习或者生活中遇到了

第一单元　第二单元　第三单元　第四单元　第五单元

困难，有时是因为和同学闹矛盾……。他把自己的委屈和不开心都写在了一个日记本里，而且每天上学都会带着它，也常常在课余时间写上几笔。

壮壮和小天是非常要好的朋友，每次小天拿出日记本写日记时，壮壮都会好奇地凑过去，想看看小天在写什么，但每次都被小天给拦住了。一天下课后，小天正趴在桌上写日记，听见老师在门口叫他，就赶紧跑过去，日记本忘了收，就放在了桌面上。壮壮出于好奇，飞快地拿起小天的日记本翻看起来，一边看一边小声嘀咕："哎呀！原来小天的爸爸妈妈离婚了呀！……小天和小美关系那么好，还会吵架？……哇，小天梦想有一天可以成为科学家呢！……"壮壮看得太投入了，完全没注意到小天已经回到教室，走到了他身边……

2. 讨论

（1）看到壮壮偷看自己的日记，小天会是什么情绪？为什么？

（2）壮壮在日记里看到了小天的哪些秘密？你能分类吗？

（3）后来，壮壮向小天承认了错误，并保证绝不把他看到的内容告诉别人，小天也原谅了他。过了一段时间，壮壮又想起在日记中看到的小天和小美吵架这件事了，他特别好奇他们为什么吵架，很想去问个究竟，这种想法合适吗？如果壮壮忍不住问了，小天该怎么办？

活动三　来到我的生活里

在前面两个故事里，小美不愿意让别人碰的水杯被朋友小天拿起来就用，小天写在日记里不想让别人知道的事情被朋友壮壮偷看了。你有过类似的自己的秘密被别人窥探的经历吗？发生这样的事情时，你的感受是什么？请你和同学一起讨论一下吧。

活动四　再理解我的需要

通过这学期的学习，除了具体的吃穿住行、玩和学习的需要，你还知道自我的哪些需要？

具体的需要：_____

自我的需要：_____

第一单元

第二单元

第三单元

第四单元

第五单元

我真的学到了！

　　下面列出了这节课的主要内容，你都掌握了吗？请根据你掌握的程度给下面每项内容后面的☆涂色。

1. 每个人都是独立的，都有属于自己的世界。☆☆☆☆☆

2. 朋友之间的界限有物质界限和精神界限。☆☆☆☆☆

3. 要尊重朋友之间的界限，不要因为好奇而去窥探朋友的内心世界。☆☆☆☆☆

4. 要合理拒绝别人对隐私的窥探，感受拒绝后轻松愉悦的心情。☆☆☆☆☆

5. 我们有吃穿住行的需要，有玩和学习的需要，有友谊的需要，也有自我独立和自我管理的需要。☆☆☆☆☆

我的练功房

　　五级功夫第八招：对不起，我不想……。

1. 练功目的

　　当他人想突破我们的界限时，敢于礼貌地表达拒绝，并感受拒绝之后的轻松和愉悦。

2. 练功要领

（1）辨别他人是否正在或想要突破我们的界限。

（2）判断他人正在或想要突破的是物质界限还是精神界限。

（3）选择合适的方式礼貌地拒绝对方，如告诉对方："对不起，这是我的秘密，我不想说。"

（4）感受拒绝对方后的情绪。

对不起，我不想……

故事情境	界限的类别	表达拒绝	拒绝后的情绪

健康宣言

同学们，与朋友愉快地相处，保持健康阳光的和谐关系，让我们既能感受到信任与担当的幸福，又能享受到亲密而不越界的美好。我们一起来朗读下面的健康宣言吧。

好朋友一起走

我的朋友类型多，急性子慢性子都很好。

有新鲜、有默契，你来我往哈哈笑。

经常想想"扭一扭"，友谊回转"大调调"。

一时冲突莫焦躁，回忆过去大回转。

爱朋友也爱自己，亲密和谐乐陶陶。

界限分明我知道，尊重彼此友谊牢。

宣誓人：_____

____年____月____日

第一单元

第二单元

第三单元

第四单元

第五单元

我的学习和练功体会

你在学习、练功的过程中有什么体会和感悟？以文字或者图画的形式记录下来吧。

第五单元

"大功告成"：
我的练功单元

第九课时 "友谊小回转"练功分享

学习目标

1.分享练功情况，感受冲突解决后的喜悦，体会友谊小回转的价值。

2.找到友谊小回转的难点和解决办法。

3.理解友谊小回转的"大三步"和"小三步"中的每一步以及顺序的重要性。

活动一　练功分享

1. 小组分享

（1）请你选择一个故事在组内进行分享。在分享的时候，根据友谊小回转的"大三步"和"小三步"分析你的练功是否成功，并说明理由。

"友谊小回转"练功单

冲突故事	第一步：我来扭一扭（觉察情绪，主动询问）	第二步：你说我听（你怎么了）	第三步：我说你听（我怎么了）
	(1)	(1)	(1)
	(2)	(2)	(2)
	(3)	(3)	(3)

（2）在小组成员分享的故事中，选择一个故事说一说：在他的故事中，哪个情节你印象最深？你感受到了什么？这对你的"友谊小回转"练功有什么启发？

_____

_____

2. 全班分享

请你和小组成员选一位代表在全班分享。

在全班分享的过程中，请你和小组成员互相说说感受与启发。

活动二　友谊小回转的难点与解决办法

就像跳舞有难点和技巧一样，友谊小回转也有它的难点和技巧。你在练功过程中觉得哪些是难点？这些难点有哪些表现？你又是怎么解决的？请根据自己的情况填写下面的表格。

难点	表现	解决办法
觉察自己的情绪	生气时关注不到自己的语言和行为	情绪镜子，观察对方情绪，关注自己的呼吸和心跳
调整自己的情绪	太生气不能控制自己	冷静、暂时搁置、美好回忆法、发现友谊的冲突陷阱"我好，你不好"

第一单元　第二单元　第三单元　第四单元　第五单元

活动三　我的练功还可以进步

你觉得自己的练功还可以改进吗？现在请拿出你的练功作业，根据你的想法修改并完善它。记住，友谊小回转的"大三步"和"小三步"一个都不能少呀！

附件

"友谊·小·回转"练功单

冲突故事	第一步：我来扭一扭 （觉察情绪，主动询问）	第二步：你说我听 （你怎么了）	第三步：我说你听 （我怎么了）
	(1)	(1)	(1)
	(2)	(2)	(2)
	(3)	(3)	(3)

"友谊·小·回转" 练功单

冲突故事	第一步：我来扭一扭（觉察情绪，主动询问）	第二步：你说我听（你怎么了）	第三步：我说你听（我怎么了）
	(1)	(1)	(1)
	(2)	(2)	(2)
	(3)	(3)	(3)

"友谊·小·回转" 练功单

冲突故事	第一步：我来扭一扭（觉察情绪，主动询问）	第二步：你说我听（你怎么了）	第三步：我说你听（我怎么了）
	(1)	(1)	(1)
	(2)	(2)	(2)
	(3)	(3)	(3)

第一单元

第二单元

第三单元

第四单元

第五单元

第十课时 "我想……"练功分享

1. 分享练功情况,感受爱自己就要敢于在他人面前表达自己真实的需要。

2. 体会爱自己也要爱朋友,要协调"你需要"和"我需要",当无法协调、只能按照自己的需要做事时要让对方理解原因,当触犯到他人利益或越过界限时要及时停止。

3. 理解爱自己的重要性。

活动一 练功分享

（1）最近我们一直在练习五级功夫第五招"我想……"吗?那么现在请你分享一下自己的练功故事。

_____

（2）请你在听同学分享的过程中思考:同学的练功过程有哪些地方值得你借鉴?

活动二　学会表达和反思

请你根据自己的练功情况，思考几个问题。

（1）你在表达自己真实的需要时有没有觉得别扭的地方？

_____

（2）当你的真实表达让自己觉得别扭时，说明你的表达需要调整。请你根据自己的情况想一想该怎样调整。

_____

（3）在表达自己真实的需要时，还要倾听和考虑别人的想法，会不会让你觉得有些压抑呢？为什么？

_____

活动三　完善"练功故事"

请你根据刚才的讨论来完善你的练功以及练功故事。

第一单元

第二单元

第三单元

第四单元

第五单元

附件

"我想……" 练功单

生活情境	朋友的需要	我的需要	我该怎样表达自己的需要

"我想……" 练功单

生活情境	朋友的需要	我的需要	我该怎样表达自己的需要

"我想……" 练功单

生活情境	朋友的需要	我的需要	我该怎样表达自己的需要